Driebanden biljart: Volle tabel sirkelpatrone

Van professionele kampioenskaptoernooie

Toets jouself teen professionele biljartspelers

Allan P. Sand
PBIA Gesertifiseerde biljart-instrukteur

ISBN 978-1-62505-243-8
PRINT 7x10

ISBN 978-1-62505-386-2
PRINT 8.5x11

First edition

Copyright © 2019 Allan P. Sand

All rights reserved under International and Pan-American Copyright Conventions.

Published by Billiard Gods Productions.
Santa Clara, CA 95051
U.S.A.

For the latest information about books and videos, go to: http://www.billiardgods.com

Acknowledgements

Wei Chao created the software that was used to create these graphics.

Inhoudsopgawe

Inleiding **1**
Oor die tabel uitlegte 1
Tabel Opstel Instruksies 2
Doel van die uitlegte 2
A: Vol sirkel (lang banden) **3**
A: Groep 1 3
A: Groep 2 8
A: Groep 3 13
A: Groep 4 18
A: Groep 5 23
B: Vol sirkel (kort banden) **28**
B: Groep 1 28
B: Groep 2 33
B: Groep 3 38
C: 4 biljartbanden (lang banden) **43**
C: Groep 1 43
C: Groep 2 48
C: Groep 3 53
C: Groep 4 58
C: Groep 5 63
D: 4 biljartbanden (kort banden) **68**
D: Groep 1 68
D: Groep 2 73
D: Groep 3 78
D: Groep 4 83
E: 5 biljartbanden (lang banden) **88**
E: Groep 1 88
E: Groep 2 93
E: Groep 3 98
E: Groep 4 103
E: Groep 5 108
F: 5 biljartbanden (kort banden) **113**
F: Groep 1 113
F: Groep 2 118
G: 6 + biljartbanden (lang banden) **123**
G: Groep 1 123
G: Groep 2 128
G: Groep 3 133
G: Groep 4 138
H: 6 + biljartbanden (kort banden) **143**
H: Groep 1 143
H: Groep 2 148

Other books by the author …
- 3 Cushion Billiards Championship Shots (a series)
- Carom Billiards: Some Riddles & Puzzles
- Carom Billiards: MORE Riddles & Puzzles
- Why Pool Hustlers Win
- Table Map Library
- Safety Toolbox
- Cue Ball Control Cheat Sheets
- Advanced Cue Ball Control Self-Testing Program
- Drills & Exercises for Pool & Pocket Billiards
- The Art of War versus The Art of Pool
- The Psychology of Losing – Tricks, Traps & Sharks
- The Art of Team Coaching
- The Art of Personal Competition
- The Art of Politics & Campaigning
- The Art of Marketing & Promotion
- Kitchen God's Guide for Single Guys

Inleiding

Dit is een van 'n reeks Carambolebiljart boeke wat wys hoe professionele biljartspelers besluite neem, gebaseer op die tafeluitleg. Al hierdie skote is van internasionale kompetisies.

Tydens kompetisies gebruik baie van die skote 'n (CB)-pad wat bekend staan as " Rondom die Wêreldpatrone ". Basies is die (CB) pad van 'n huishoek, na 'n lang biljartbanden, kort biljartbanden ,, teenoorgestelde lang biljartbanden, en dan na die tweede OB.

Hierdie skote sit jou in die kop van die biljartspeler, begin met die balposisies (in die eerste tabel getoon). Die tweede tabel uitleg toon wat die biljartspeler besluit het om te doen.

Oor die tabel uitlegte

Elke skoot het twee tabel konfigurasies. Die eerste tafel is die balposisies voor die skoot. Die tweede tafel is hoe die balle op die tafel beweeg.

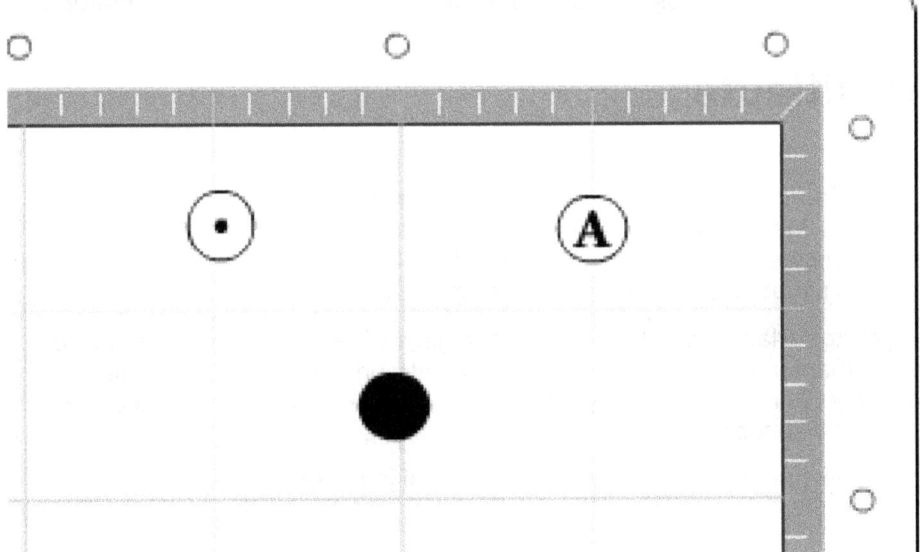

Dit is die drie balle op die tafel:

 CB (jou biljartbal)

 OB (teenstander biljartbal)

● OB (rooi biljartbal)

Elke tabel grafiese in hierdie boek is 'n swart en wit voorstelling van 'n standaard 5 x 10 carom biljart tafel. Bale word verteenwoordig met hierdie drie simbole.

Tabel Opstel Instruksies

Gebruik papierbindringe om die balposisies te merk (koop by enige kantoorvoorraadwinkel

Plaas 'n muntstuk by elke biljartbanden wat die (CB) sal raak.

Wanneer jy die skoot speel, let op waar die CB-patroon en elke spoorkontak. U mag verskeie pogings benodig aangesien u aanpassings aan die Sertifiseringsliggaam maak om die patroon behoorlik te volg.

Doel van die uitlegte

Hierdie uitlegte word vir twee doeleindes voorsien.

- Jou ontleding - By die woon kan jy oorweeg hoe om die konfigurasie op die eerste tafel te speel. Vergelyk jou idees met die werklike patroon op die tweede tafel. Dink aan jou oplossing en oorweeg opsies. Uit die tweede tabel kan jy ook analiseer hoe om die patroon te volg. Mentally speel die skoot en besluit hoe jy suksesvol kan wees.

- Oefen die tafel opstelling - Plaas die balle in posisie, volgens die eerste tabel konfigurasie. Probeer om dieselfde manier te skiet as die tweede tafelpatroon. Miskien moet jy baie pogings doen voordat jy die regte manier kry om te speel. So kan jy hierdie skote leer en speel tydens kompetisies en toernooie.

Die kombinasie van geestelike analise en praktiese oefening sal jou 'n slimmer

A: Vol sirkel (lang banden)

Die (CB) gaan van die eerste (OB) in 'n lang biljartbanden en dan in die kort biljartbanden. Die sirkel gaan voort in die teenoorgestelde lang biljartbanden.

Ⓐ **(CB)** (jou biljartbal) – ◉ **(OB)** (teenstander biljartbal) – ● **(OB)** (rooi bal)

A: Groep 1

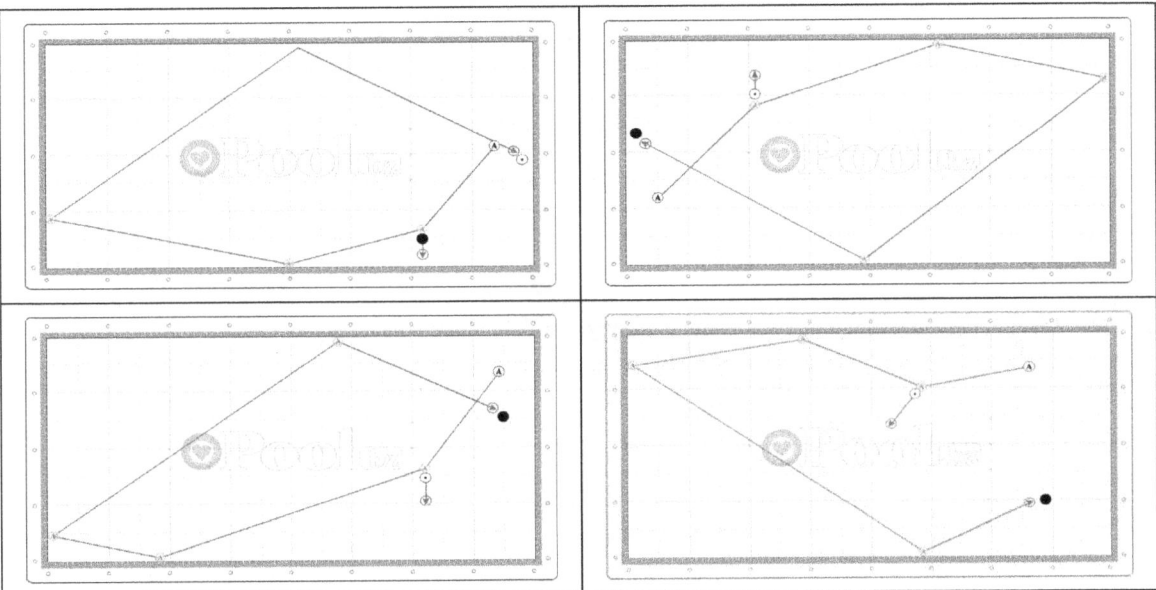

Analise:

A:1a. _____

A:1b. _____

A:1c. _____

A:1d. _____

A:1a – Opstelling

NOTAS VIR JOU IDEES:

Tabelpatroon

A:1b – Opstelling

NOTAS VIR JOU IDEES:

Tabelpatroon

A:1c – Opstelling

NOTAS VIR JOU IDEES:

Tabelpatroon

A:1d – Opstelling

NOTAS VIR JOU IDEES:

Tabelpatroon

A: Groep 2

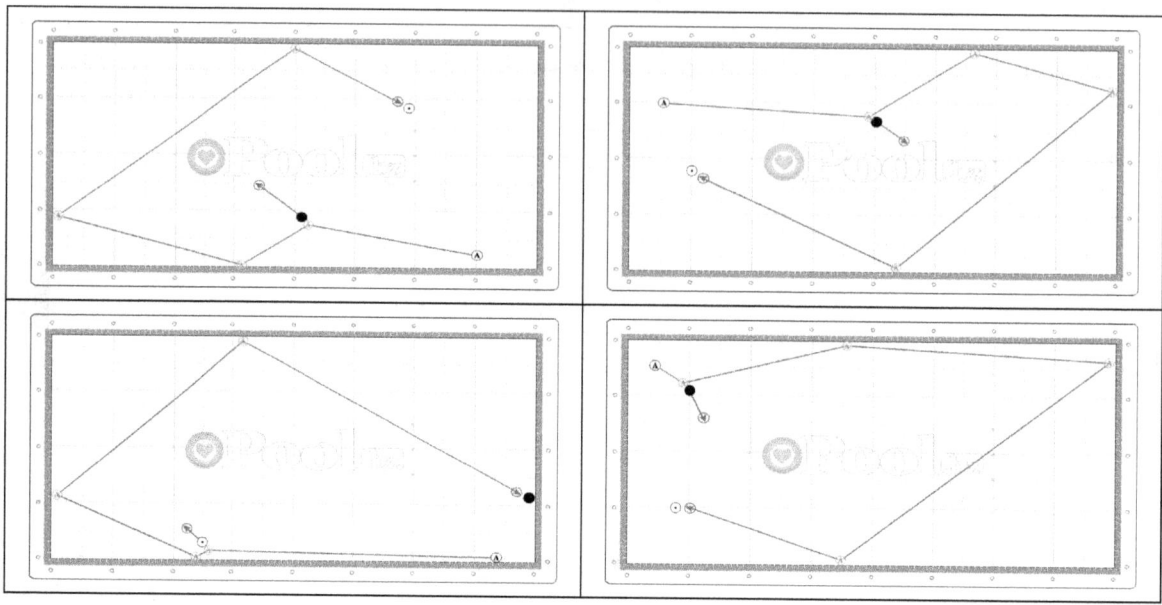

Analise:

A:2a. _____

A:2b. _____

A:2c. _____

A:2d. _____

A:2a – Opstelling

NOTAS VIR JOU IDEES:

Tabelpatroon

A:2b – Opstelling

NOTAS VIR JOU IDEES:

Tabelpatroon

A:2c – Opstelling

NOTAS VIR JOU IDEES:

Tabelpatroon

A:2d – Opstelling

NOTAS VIR JOU IDEES:

Tabelpatroon

A: Groep 3

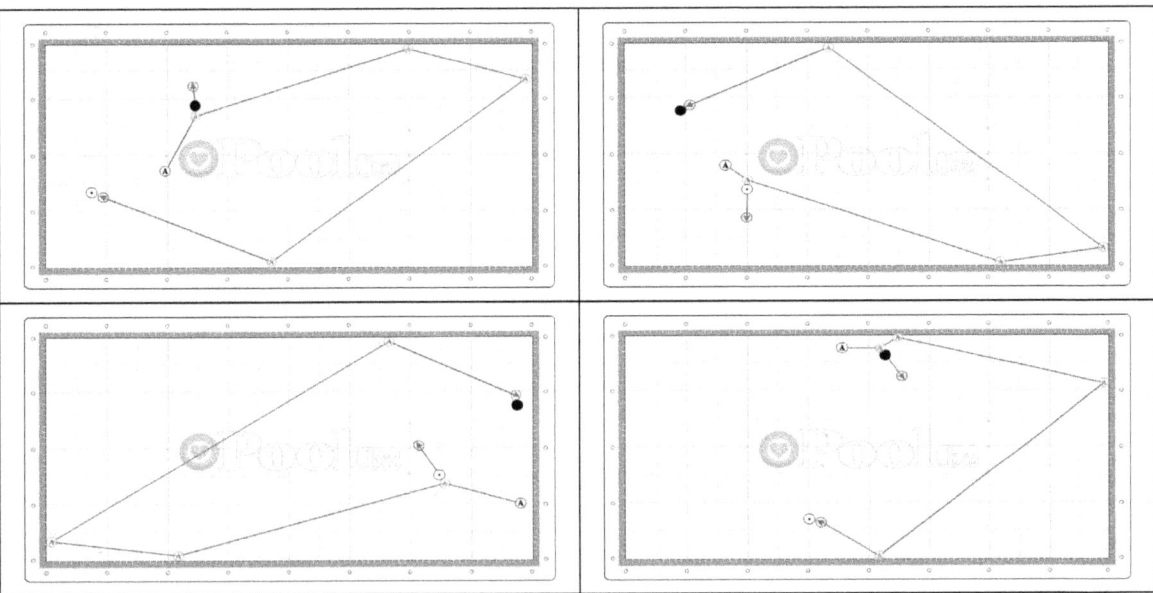

Analise:

A:3a. _____

A:3b. _____

A:3c. _____

A:3d. _____

A:3a – Opstelling

NOTAS VIR JOU IDEES:

Tabelpatroon

A:3b – Opstelling

NOTAS VIR JOU IDEES:

Tabelpatroon

A:3c – Opstelling

NOTAS VIR JOU IDEES:

Tabelpatroon

A:3d – Opstelling

NOTAS VIR JOU IDEES:

Tabelpatroon

A: Groep 4

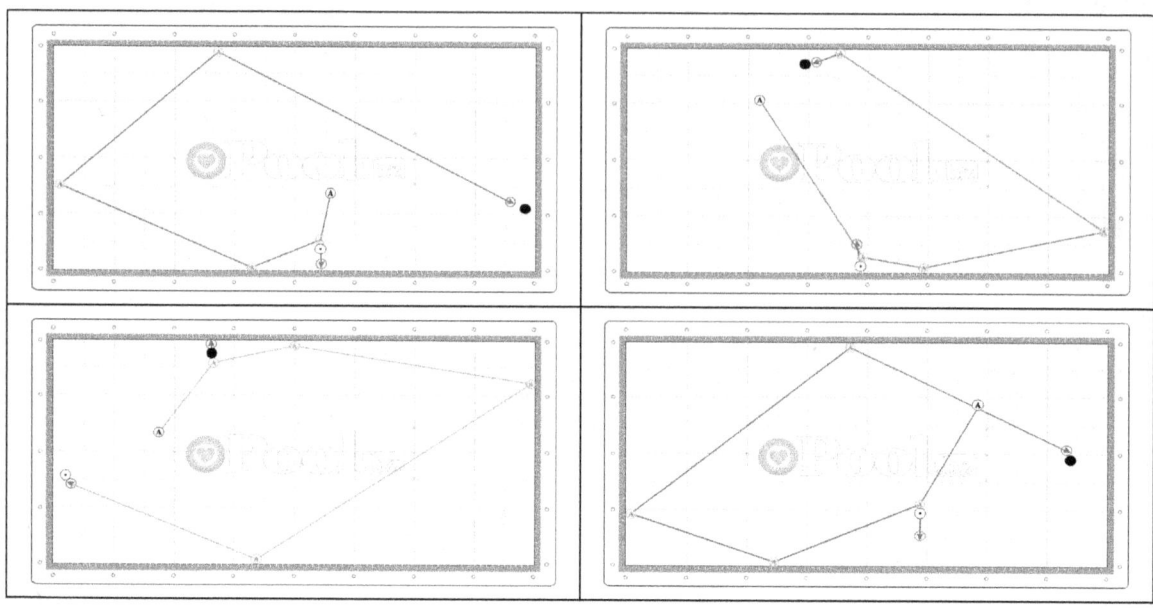

Analise:

A:4a. _____

A:4b. _____

A:4c. _____

A:4d. _____

A:4a – Opstelling

NOTAS VIR JOU IDEES:

Tabelpatroon

A:4b – Opstelling

NOTAS VIR JOU IDEES:

Tabelpatroon

A:4c – Opstelling

NOTAS VIR JOU IDEES:

Tabelpatroon

A:4d – Opstelling

NOTAS VIR JOU IDEES:

Tabelpatroon

A: Groep 5

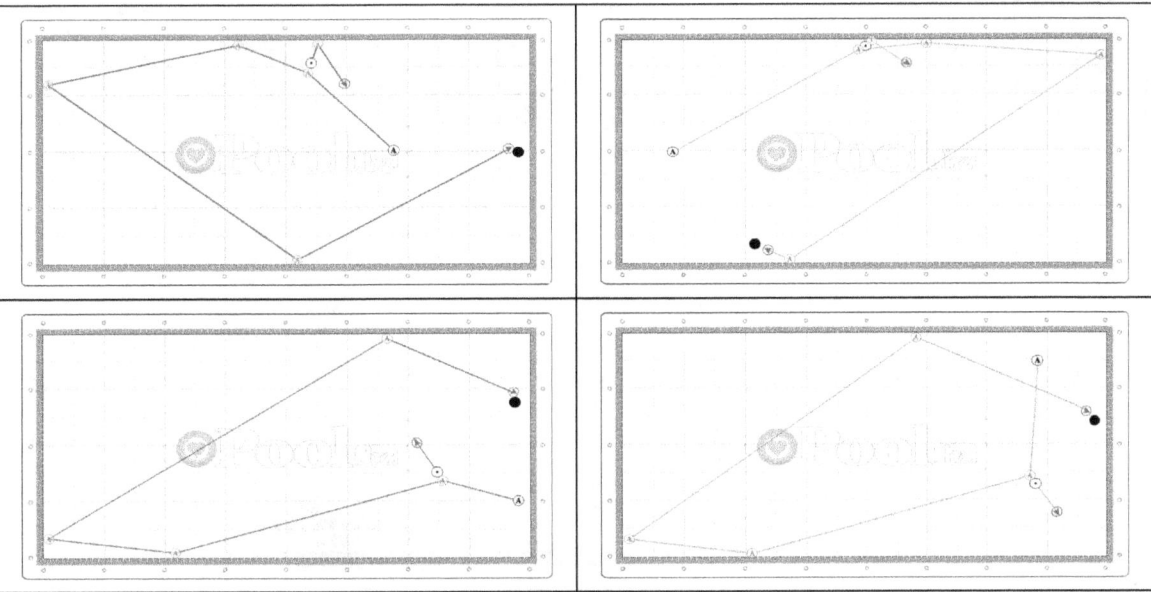

Analise:

A:5a. _____

A:5b. _____

A:5c. _____

A:5d. _____

A:5a – Opstelling

NOTAS VIR JOU IDEES:

Tabelpatroon

A:5b – Opstelling

NOTAS VIR JOU IDEES:

Tabelpatroon

A:5c – Opstelling

NOTAS VIR JOU IDEES:

Tabelpatroon

A:5d – Opstelling

NOTAS VIR JOU IDEES:

Tabelpatroon

B: Vol sirkel (kort banden)

Die (CB) kom van die eerste (OB) en in 'n kort biljartbanden. Die (CB) gaan dan in die lang biljartbanden en in die teenoorgestelde kort biljartbanden.

Ⓐ **(CB)** (jou biljartbal) – ⊙ **(OB)** (teenstander biljartbal) – ● **(OB)** (rooi bal)

B: Groep 1

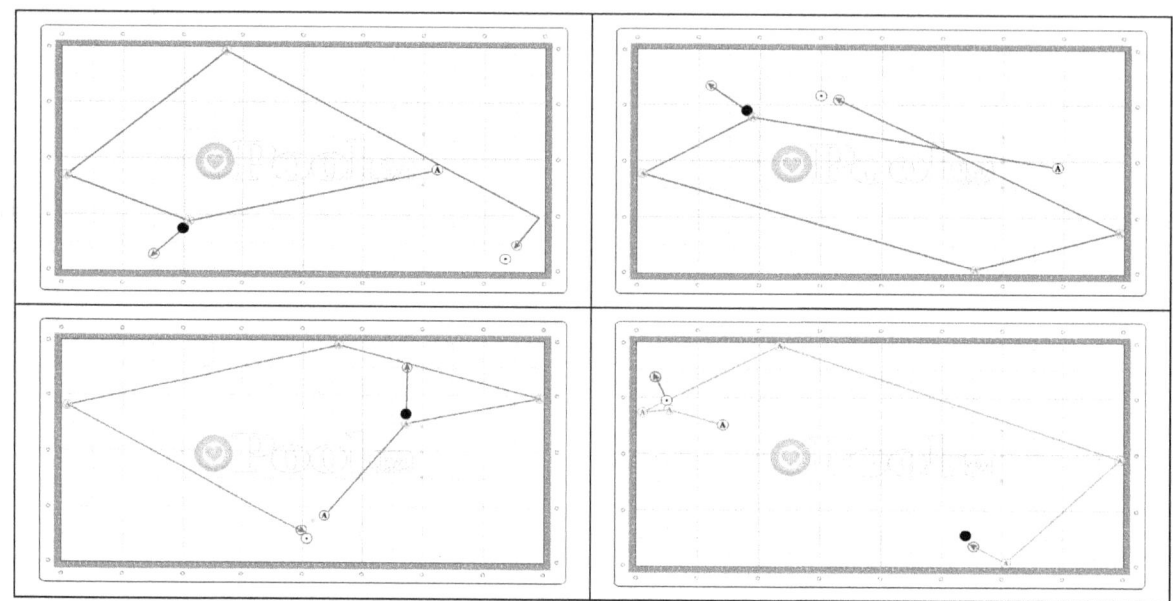

Analise:

B:1a. _____

B:1b. _____

B:1c. _____

B:1d. _____

B:1a – Opstelling

NOTAS VIR JOU IDEES:

Tabelpatroon

B:1b – Opstelling

NOTAS VIR JOU IDEES:

Tabelpatroon

B:1c – Opstelling

NOTAS VIR JOU IDEES:

Tabelpatroon

B:1d – Opstelling

NOTAS VIR JOU IDEES:

Tabelpatroon

B: Groep 2

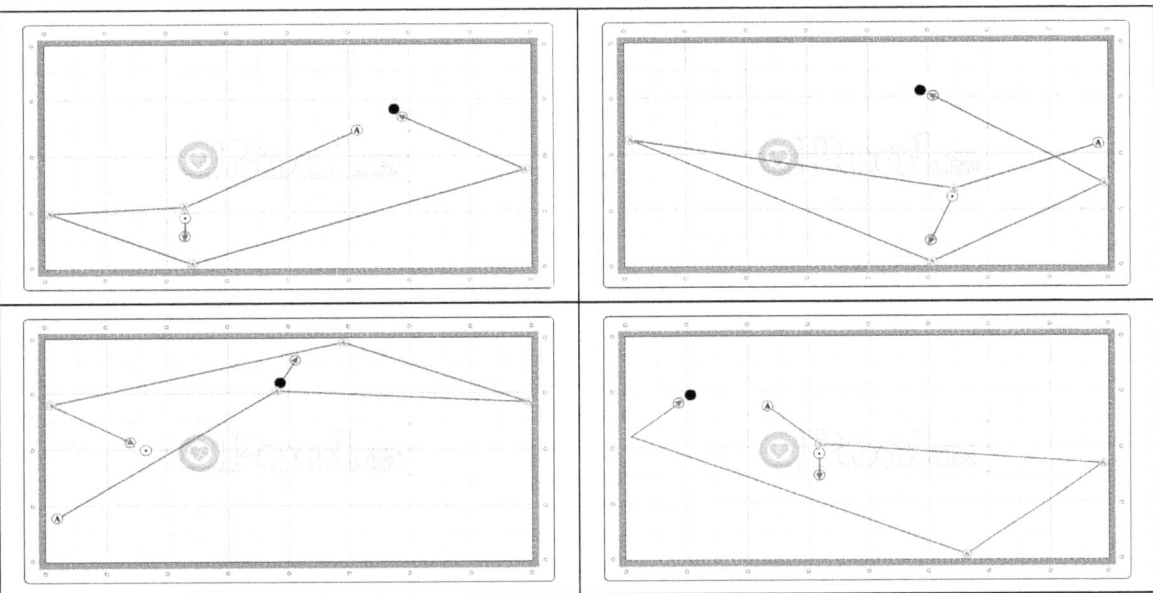

Analise:

B:2a. _____

B:2b. _____

B:2c. _____

B:2d. _____

B:2a – Opstelling

NOTAS VIR JOU IDEES:

Tabelpatroon

B:2b – Opstelling

NOTAS VIR JOU IDEES:

Tabelpatroon

B:2c – Opstelling

NOTAS VIR JOU IDEES:

Tabelpatroon

B:2d – Opstelling

NOTAS VIR JOU IDEES:

Tabelpatroon

B: Groep 3

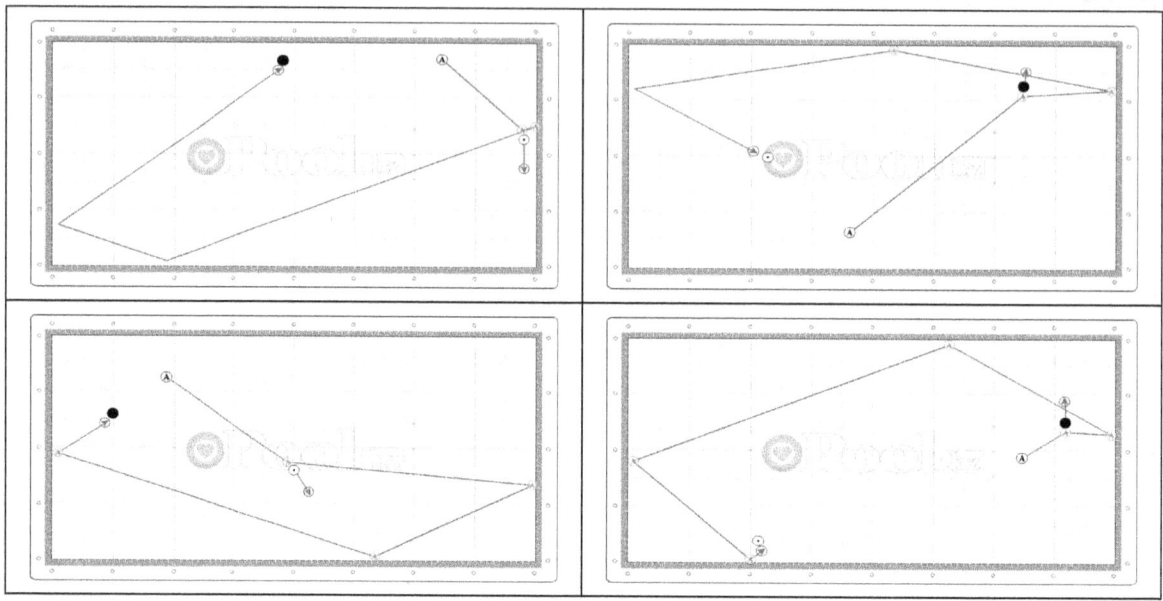

Analise:

B:2a. _____

B:2b. _____

B:2c. _____

B:2d. _____

B:3a – Opstelling

NOTAS VIR JOU IDEES:

Tabelpatroon

B:3b – Opstelling

NOTAS VIR JOU IDEES:

Tabelpatroon

B:3c – Opstelling

NOTAS VIR JOU IDEES:

Tabelpatroon

B:3d – Opstelling

NOTAS VIR JOU IDEES:

Tabelpatroon

C: 4 biljartbanden (lang banden)

Die (CB) kom van die eerste (OB) en in die lang biljartbanden. Dit kom uit na die kort biljartbanden. Dan gaan die (CB) in die teenoorgestelde lang biljartbanden. Eers dan gaan die (CB) in die tweede (OB).

(A) **(CB)** (jou biljartbal) – (·) **(OB)** (teenstander biljartbal) – ● **(OB)** (rooi bal)

C: Groep 1

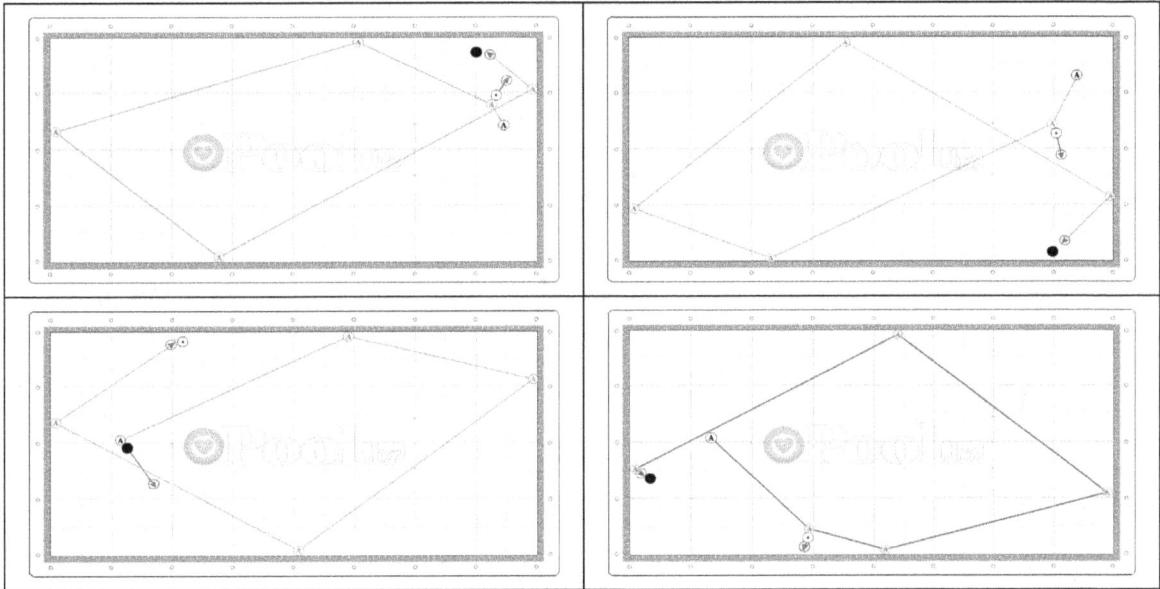

Analise:

C:1a. _____

C:1b. _____

C:1c. _____

C:1d. _____

C:1a – Opstelling

NOTAS VIR JOU IDEES:

Tabelpatroon

C:1b – Opstelling

NOTAS VIR JOU IDEES:

Tabelpatroon

C:1c – Opstelling

NOTAS VIR JOU IDEES:

Tabelpatroon

C:1d – Opstelling

NOTAS VIR JOU IDEES:

Tabelpatroon

C: Groep 2

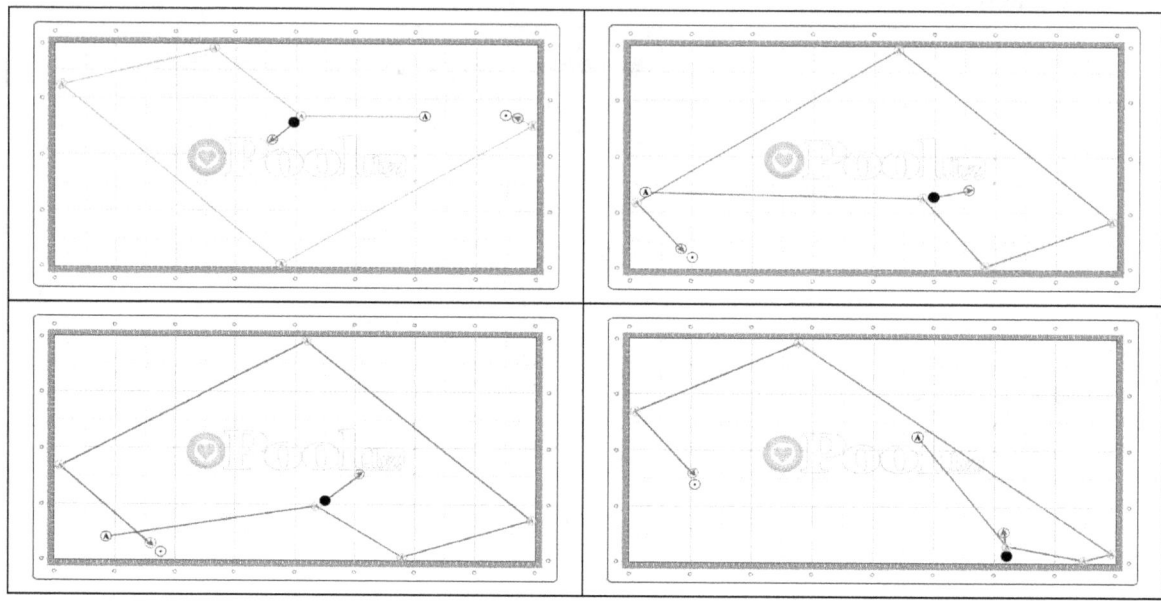

Analise:

C:2a. _____

C:2b. _____

C:2c. _____

C:2d. _____

C:2a – Opstelling

NOTAS VIR JOU IDEES:

Tabelpatroon

C:2b – Opstelling

NOTAS VIR JOU IDEES:

Tabelpatroon

C:2c – Opstelling

NOTAS VIR JOU IDEES:

Tabelpatroon

C:2d – Opstelling

NOTAS VIR JOU IDEES:

Tabelpatroon

C: Groep 3

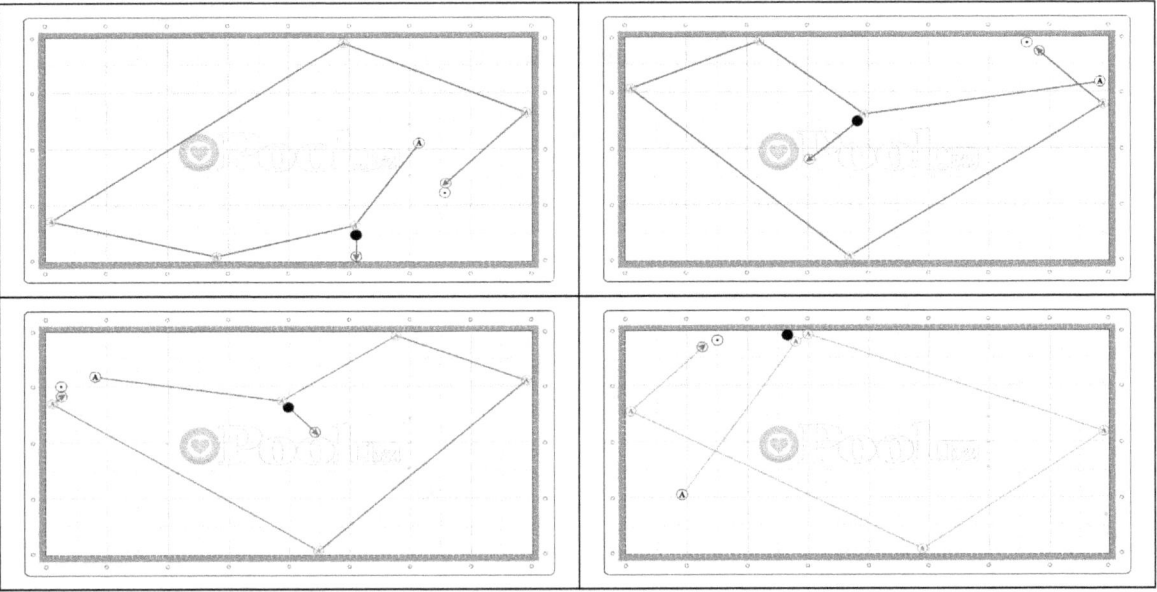

Analise:

C:3a. _____

C:3b. _____

C:3c. _____

C:3d. _____

C:3a – Opstelling

NOTAS VIR JOU IDEES:

Tabelpatroon

C:3b – Opstelling

NOTAS VIR JOU IDEES:

Tabelpatroon

C:3c – Opstelling

NOTAS VIR JOU IDEES:

Tabelpatroon

C:3d – Opstelling

NOTAS VIR JOU IDEES:

Tabelpatroon

C: Groep 4

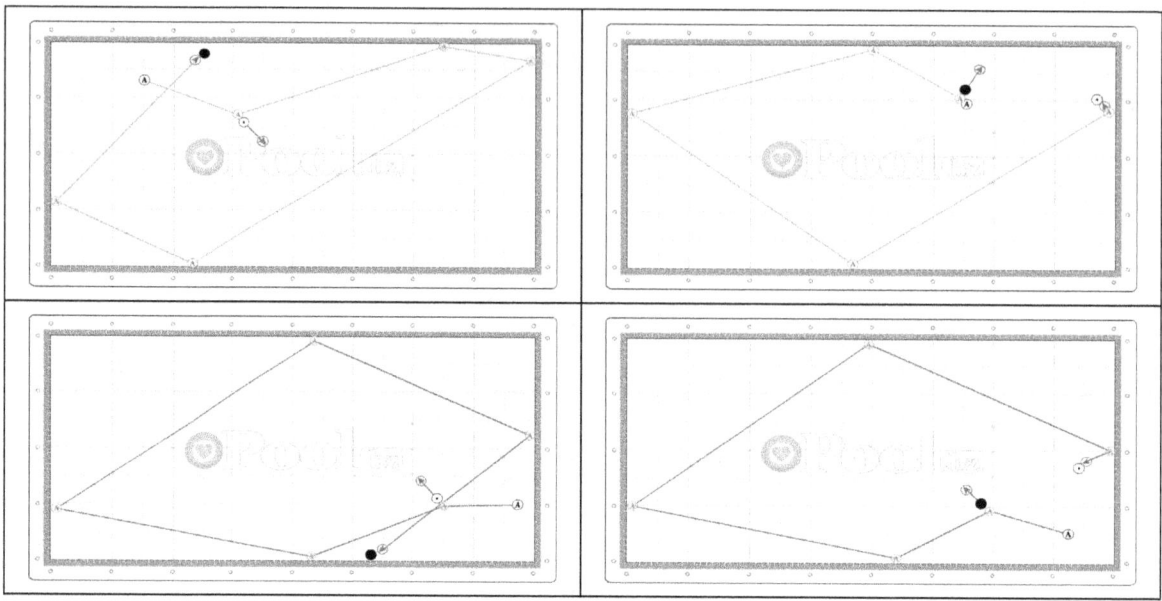

Analise:

C:4a. _____

C:4b. _____

C:4c. _____

C:4d. _____

C:4a – Opstelling

NOTAS VIR JOU IDEES:

Tabelpatroon

C:4b – Opstelling

NOTAS VIR JOU IDEES:

Tabelpatroon

C:4c – Opstelling

NOTAS VIR JOU IDEES:

Tabelpatroon

C:4d – Opstelling

NOTAS VIR JOU IDEES:

Tabelpatroon

C: Groep 5

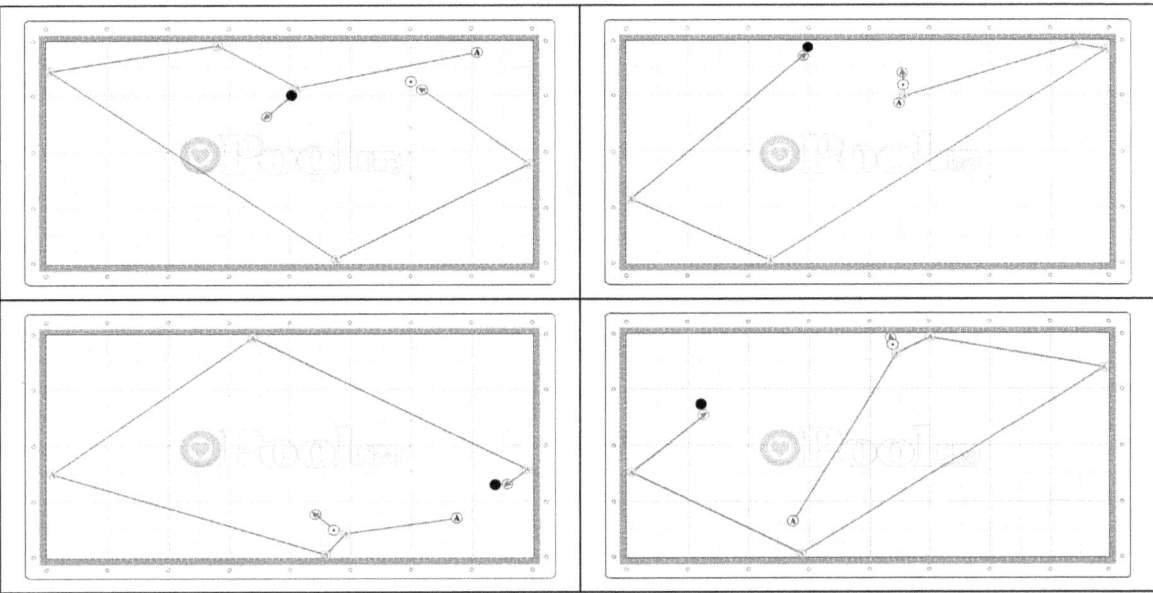

Analise:

C:5a. _____

C:5b. _____

C:5c. _____

C:5d. _____

C:5a – Opstelling

NOTAS VIR JOU IDEES:

Tabelpatroon

C:5b – Opstelling

NOTAS VIR JOU IDEES:

Tabelpatroon

C:5c – Opstelling

NOTAS VIR JOU IDEES:

Tabelpatroon

C:5d – Opstelling

NOTAS VIR JOU IDEES:

Tabelpatroon

D: 4 biljartbanden (kort banden)

Die (CB) kom van die eerste (OB) en gaan in die kort biljartbanden. Die (CB) reis na die teenoorgestelde lang biljartbanden. Die sirkel gaan voort in die teenoorgestelde kort biljartbanden. Eers dan verbind die (CB) met die tweede (OB).

Ⓐ **(CB)** (jou biljartbal) – ⊙ **(OB)** (teenstander biljartbal) – ● **(OB)** (rooi bal)

D: Groep 1

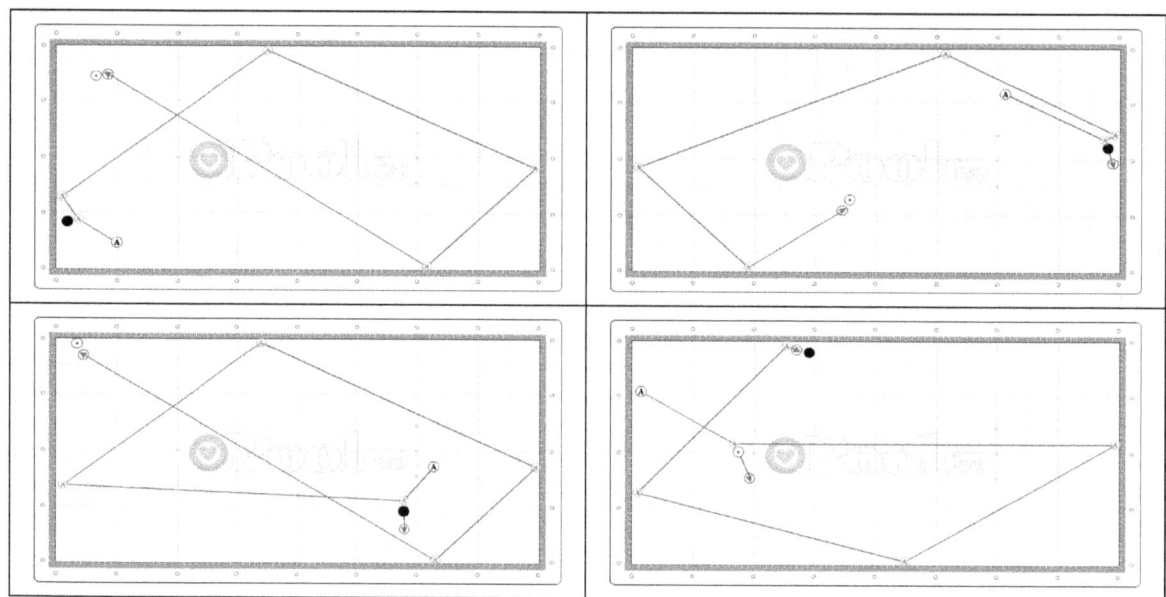

Analise:

D:1a. _____

D:1b. _____

D:1c. _____

D:1d. _____

D:1a – Opstelling

NOTAS VIR JOU IDEES:

Tabelpatroon

D:1b – Opstelling

NOTAS VIR JOU IDEES:

Tabelpatroon

Driebanden biljart: Volle tabel sirkelpatrone

D:1c – Opstelling

NOTAS VIR JOU IDEES:

Tabelpatroon

D:1d – Opstelling

NOTAS VIR JOU IDEES:

Tabelpatroon

D: Groep 2

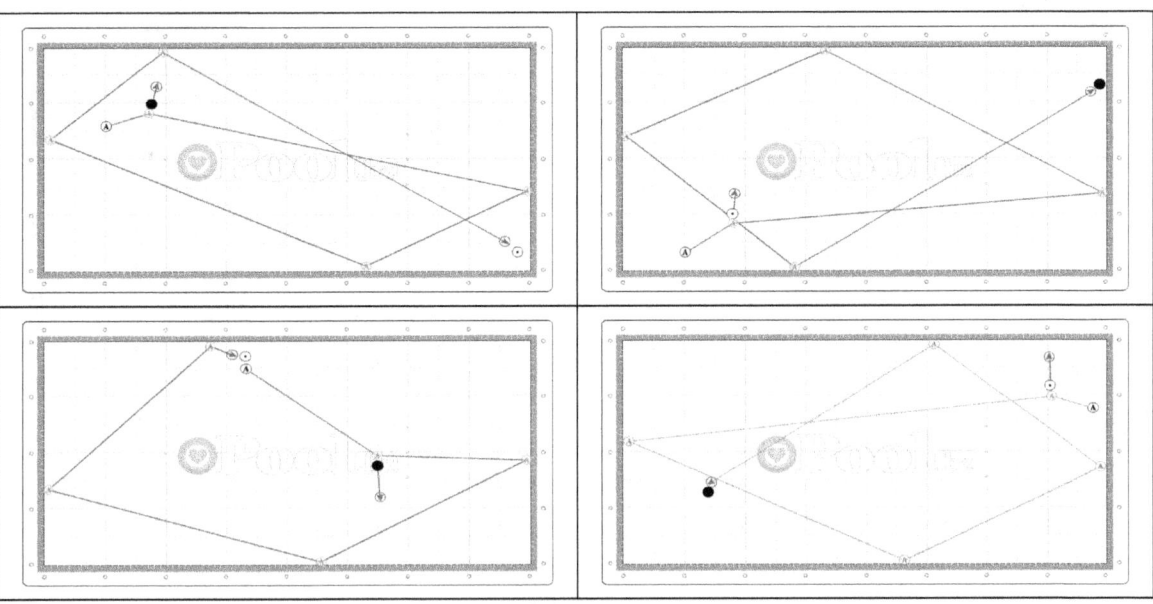

Analise:

D:2a. _____

D:2b. _____

D:2c. _____

D:2d. _____

D:2a – Opstelling

NOTAS VIR JOU IDEES:

Tabelpatroon

D:2b – Opstelling

NOTAS VIR JOU IDEES:

Tabelpatroon

D:2c – Opstelling

NOTAS VIR JOU IDEES:

Tabelpatroon

D:2d – Opstelling

NOTAS VIR JOU IDEES:

Tabelpatroon

D: Groep 3

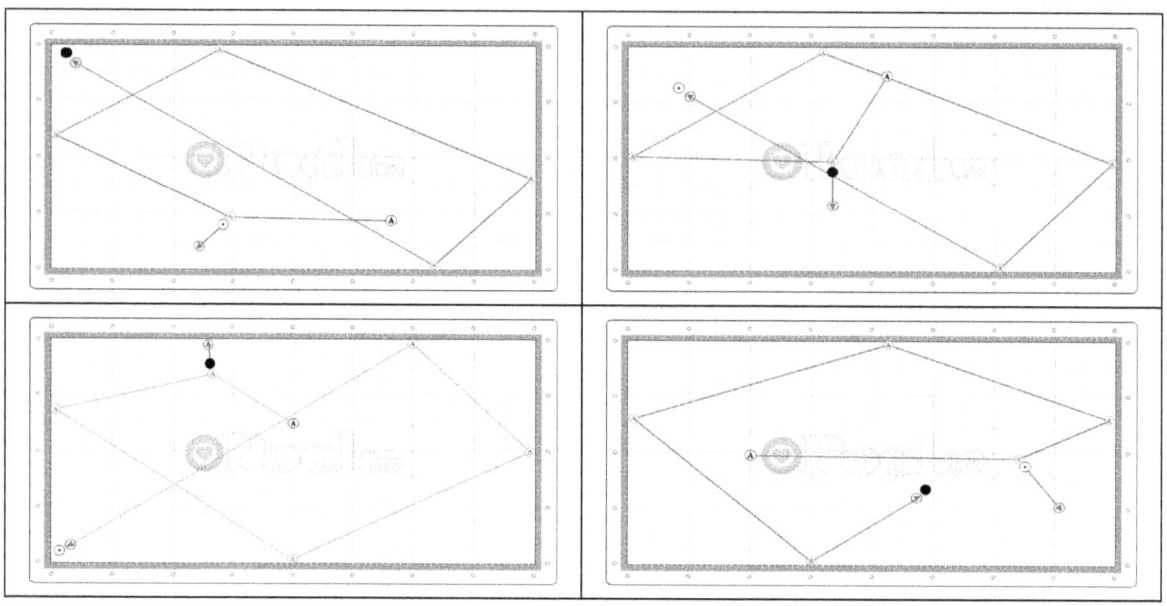

Analise:

D:3a. _____

D:3b. _____

D:3c. _____

D:3d. _____

D:3a – Opstelling

NOTAS VIR JOU IDEES:

Tabelpatroon

D:3b – Opstelling

NOTAS VIR JOU IDEES:

Tabelpatroon

D:3c – Opstelling

NOTAS VIR JOU IDEES:

Tabelpatroon

D:3d – Opstelling

NOTAS VIR JOU IDEES:

Tabelpatroon

D: Groep 4

Analise:

D:4a. _____

D:4b. _____

D:4c. _____

D:4d. _____

D:4a – Opstelling

NOTAS VIR JOU IDEES:

Tabelpatroon

D:4b – Opstelling

NOTAS VIR JOU IDEES:

Tabelpatroon

D:4c – Opstelling

NOTAS VIR JOU IDEES:

Tabelpatroon

D:4d – Opstelling

NOTAS VIR JOU IDEES:

Tabelpatroon

E: 5 biljartbanden (lang banden)

Die (CB) kom van die eerste (OB) en in die lang biljartbanden. Die (CB) reis in vyf biljartbanden voordat dit kontak met die tweede (OB).

Ⓐ **(CB)** (jou biljartbal) – ⊙ **(OB)** (teenstander biljartbal) – ● **(OB)** (rooi bal)

E: Groep 1

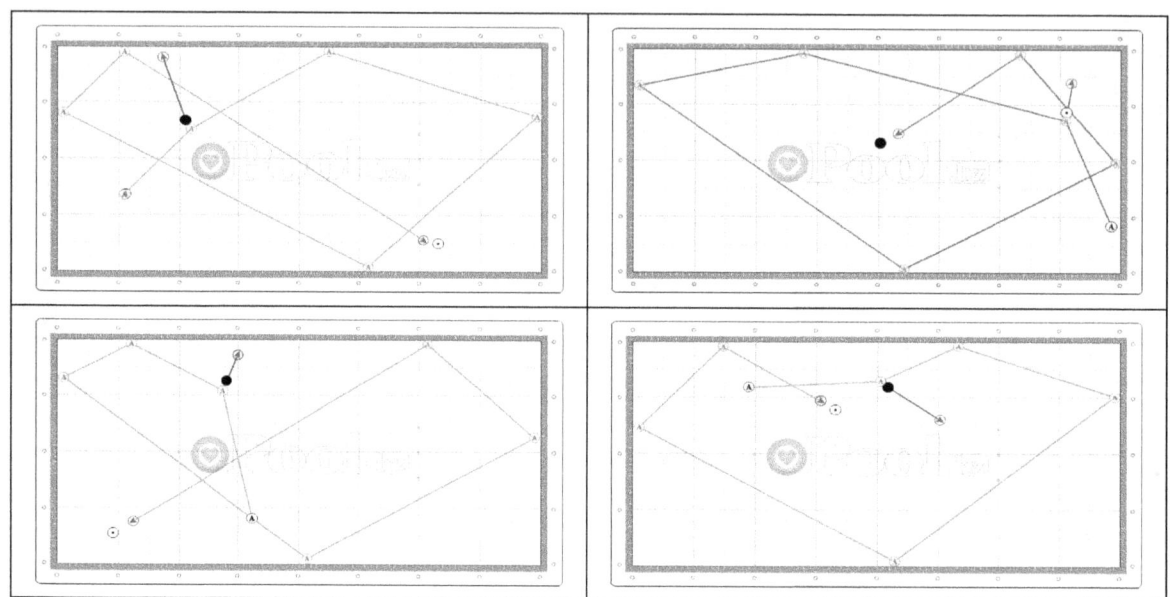

Analise:

E:1a. _____

E:1b. _____

E:1c. _____

E:1d. _____

E:1a – Opstelling

NOTAS VIR JOU IDEES:

Tabelpatroon

E:1b – Opstelling

NOTAS VIR JOU IDEES:

Tabelpatroon

E:1c – Opstelling

NOTAS VIR JOU IDEES:

Tabelpatroon

E:1d – Opstelling

NOTAS VIR JOU IDEES:

Tabelpatroon

E: Groep 2

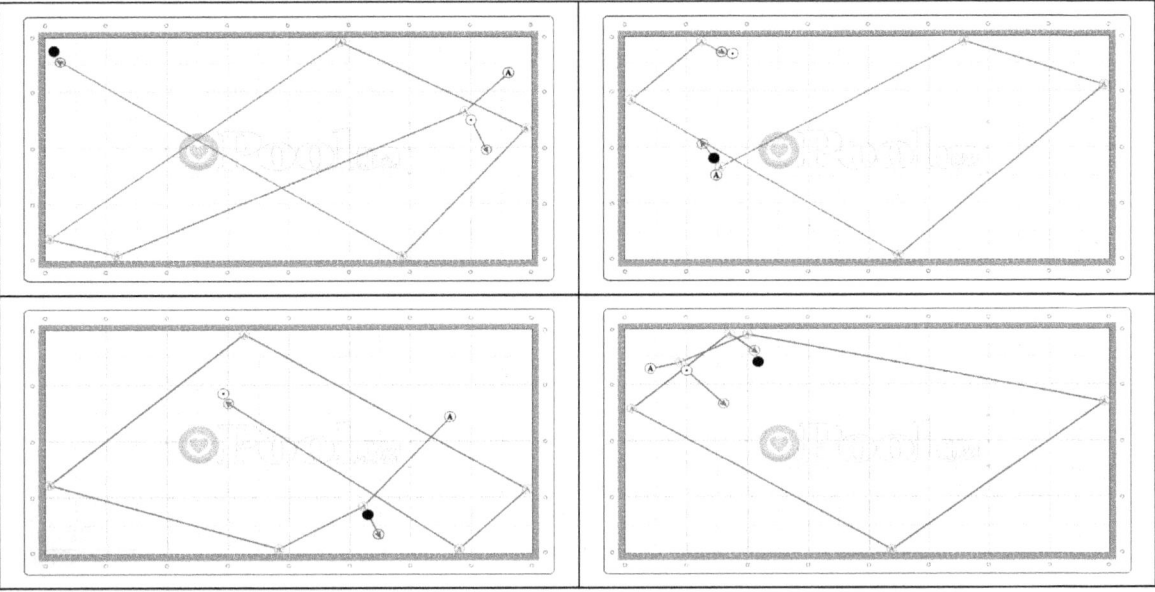

Analise:

E:2a. _____

E:2b. _____

E:2c. _____

E:2d. _____

E:2a – Opstelling

NOTAS VIR JOU IDEES:

Tabelpatroon

E:2b – Opstelling

NOTAS VIR JOU IDEES:

Tabelpatroon

E:2c – Opstelling

NOTAS VIR JOU IDEES:

Tabelpatroon

E:2d – Opstelling

NOTAS VIR JOU IDEES:

Tabelpatroon

E: Groep 3

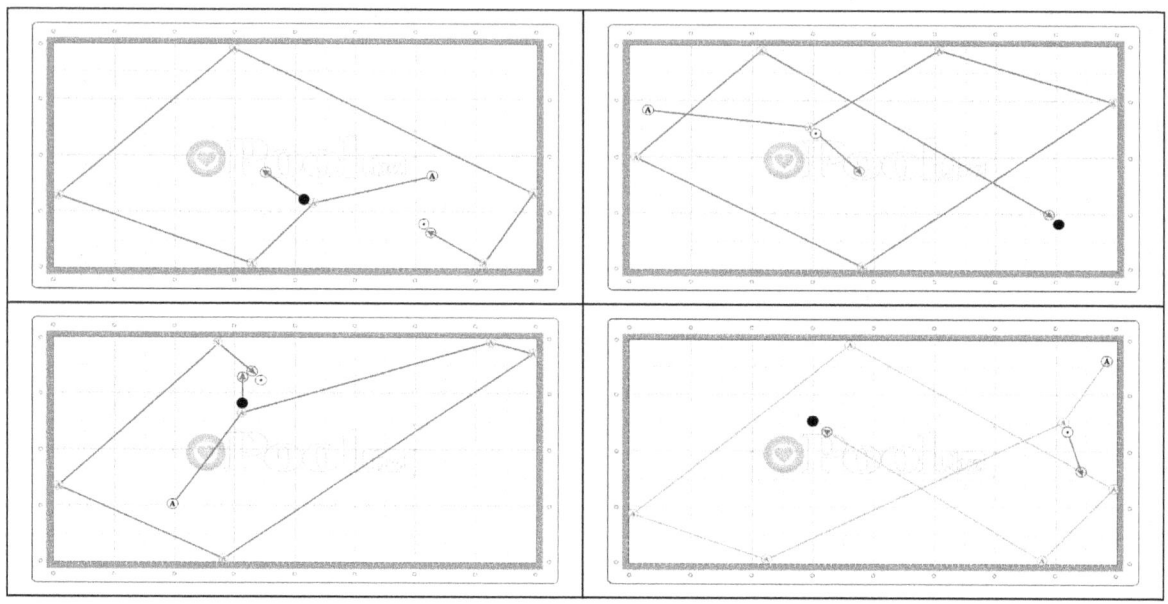

Analise:

E:3a. _____

E:3b. _____

E:3c. _____

E:3d. _____

E:3a – Opstelling

NOTAS VIR JOU IDEES:

Tabelpatroon

E:3b – Opstelling

NOTAS VIR JOU IDEES:

Tabelpatroon

E:3c – Opstelling

NOTAS VIR JOU IDEES:

Tabelpatroon

E:3d – Opstelling

NOTAS VIR JOU IDEES:

Tabelpatroon

E: Groep 4

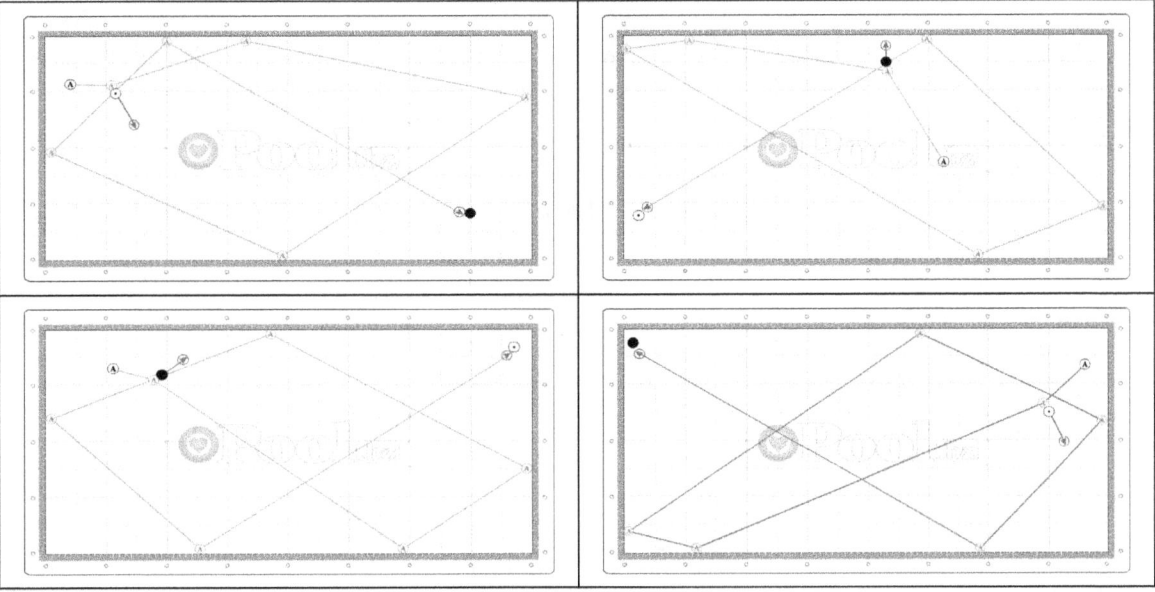

Analise:

E:4a. _____

E:4b. _____

E:4c. _____

E:4d. _____

E:4a – Opstelling

NOTAS VIR JOU IDEES:

Tabelpatroon

E:4b – Opstelling

NOTAS VIR JOU IDEES:

Tabelpatroon

E:4c – Opstelling

NOTAS VIR JOU IDEES:

Tabelpatroon

E:4d – Opstelling

NOTAS VIR JOU IDEES:

Tabelpatroon

E: Groep 5

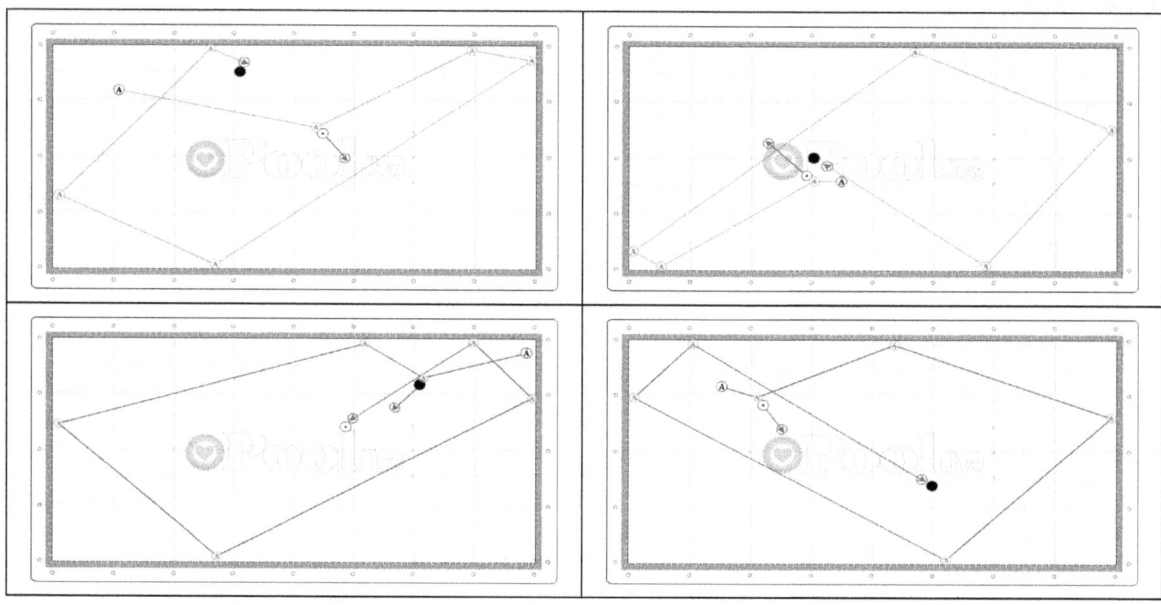

Analise:

E:5a. _____

E:5b. _____

E:5c. _____

E:5d. _____

E:5a – Opstelling

NOTAS VIR JOU IDEES:

Tabelpatroon

E:5b – Opstelling

NOTAS VIR JOU IDEES:

Tabelpatroon

E:5c – Opstelling

NOTAS VIR JOU IDEES:

Tabelpatroon

E:5d – Opstelling

NOTAS VIR JOU IDEES:

Tabelpatroon

F: 5 biljartbanden (kort banden)

Die (CB) kom van die eerste (OB) en in die kort biljartbanden. Dit beweeg dan in vyf opeenvolgende biljartbanden om die tafel. Eers dan verbind die (CB) met die tweede (OB).

Ⓐ **(CB)** (jou biljartbal) – ⊙ **(OB)** (teenstander biljartbal) – ● **(OB)** (rooi bal)

F: Groep 1

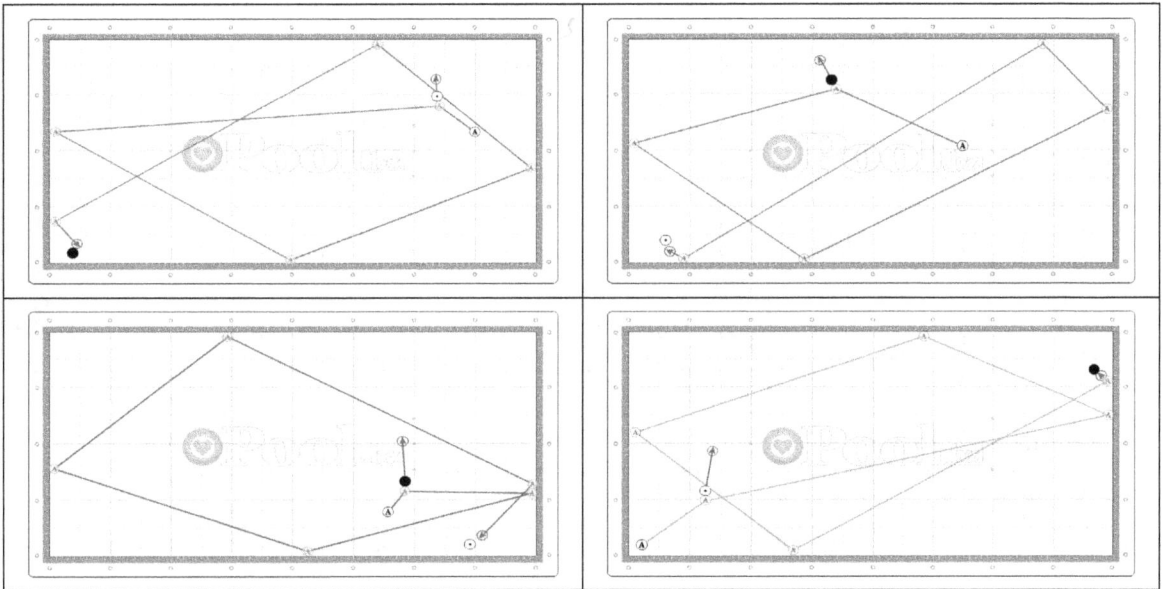

Analise:

F:1a. _____

F:1b. _____

F:1c. _____

F:1d. _____

F:1a – Opstelling

NOTAS VIR JOU IDEES:

Tabelpatroon

F:1b – Opstelling

NOTAS VIR JOU IDEES:

Tabelpatroon

F:1c – Opstelling

NOTAS VIR JOU IDEES:

Tabelpatroon

F:1d – Opstelling

NOTAS VIR JOU IDEES:

Tabelpatroon

F: Groep 2

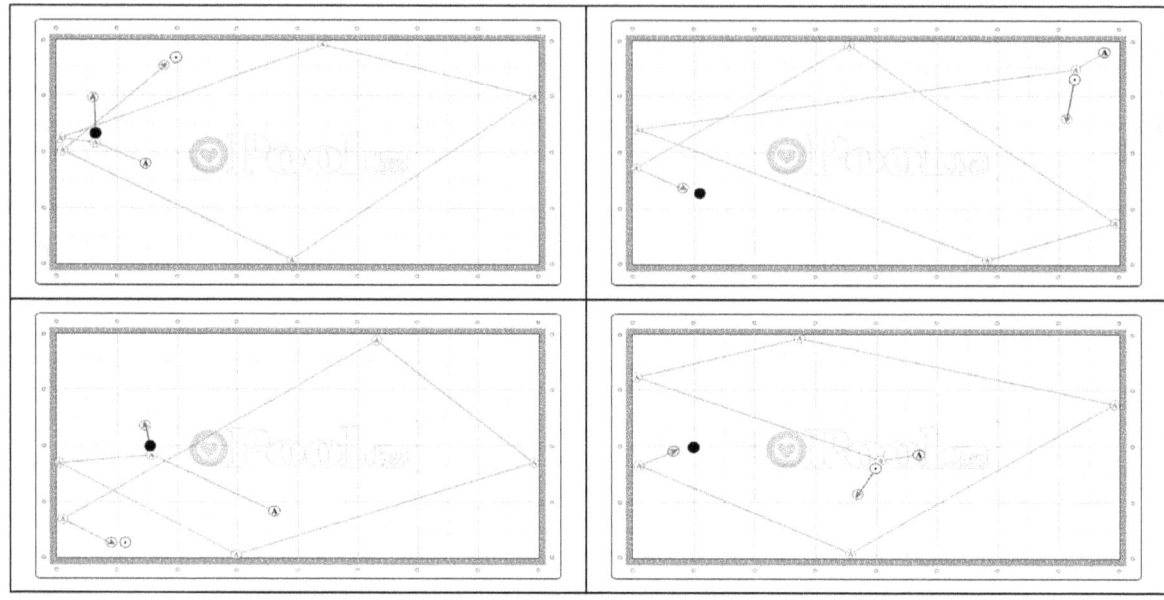

Analise:

F:2a. _____

F:2b. _____

F:2c. _____

F:2d. _____

F:2a – Opstelling

NOTAS VIR JOU IDEES:

Tabelpatroon

F:2b – Opstelling

NOTAS VIR JOU IDEES:

Tabelpatroon

F:2c – Opstelling

NOTAS VIR JOU IDEES:

Tabelpatroon

F:2d – Opstelling

NOTAS VIR JOU IDEES:

Tabelpatroon

G: 6 + biljartbanden (lang banden)

Die (CB) kom van die eerste (OB) en in die lang biljartbanden. Dit beweeg dan om die tafel in minstens ses biljartbanden (soms sewe).

(A) **(CB)** (jou biljartbal) – (•) **(OB)** (teenstander biljartbal) – ● **(OB)** (rooi bal)

G: Groep 1

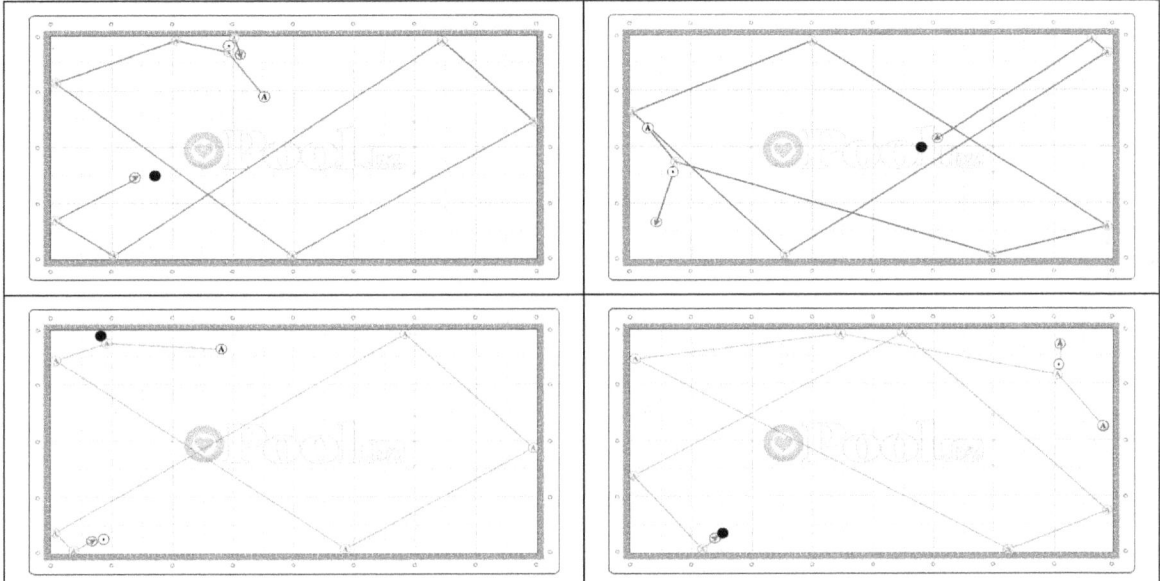

Analise:

G:1a. _____

G:1b. _____

G:1c. _____

G:1d. _____

G:1a – Opstelling

NOTAS VIR JOU IDEES:

Tabelpatroon

G:1b – Opstelling

NOTAS VIR JOU IDEES:

Tabelpatroon

G:1c – Opstelling

NOTAS VIR JOU IDEES:

Tabelpatroon

G:1d – Opstelling

NOTAS VIR JOU IDEES:

Tabelpatroon

G: Groep 2

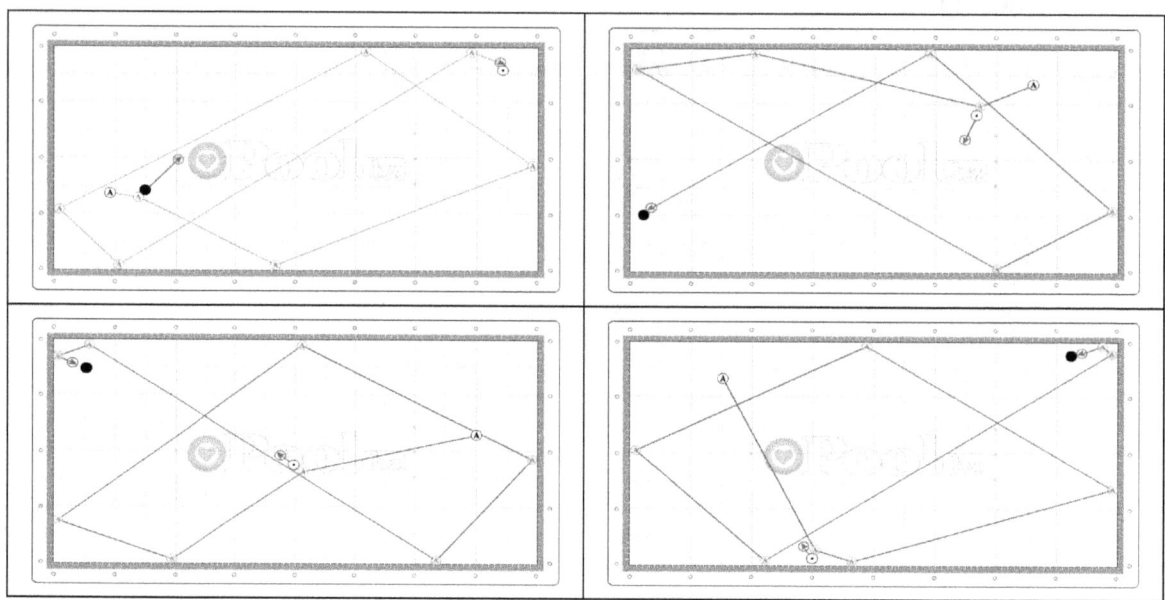

Analise:

G:2a. _____

G:2b. _____

G:2c. _____

G:2d. _____

G:2a – Opstelling

NOTAS VIR JOU IDEES:

Tabelpatroon

G:2b – Opstelling

NOTAS VIR JOU IDEES:

Tabelpatroon

G:2c – Opstelling

NOTAS VIR JOU IDEES:

Tabelpatroon

G:2d – Opstelling

NOTAS VIR JOU IDEES:

Tabelpatroon

G: Groep 3

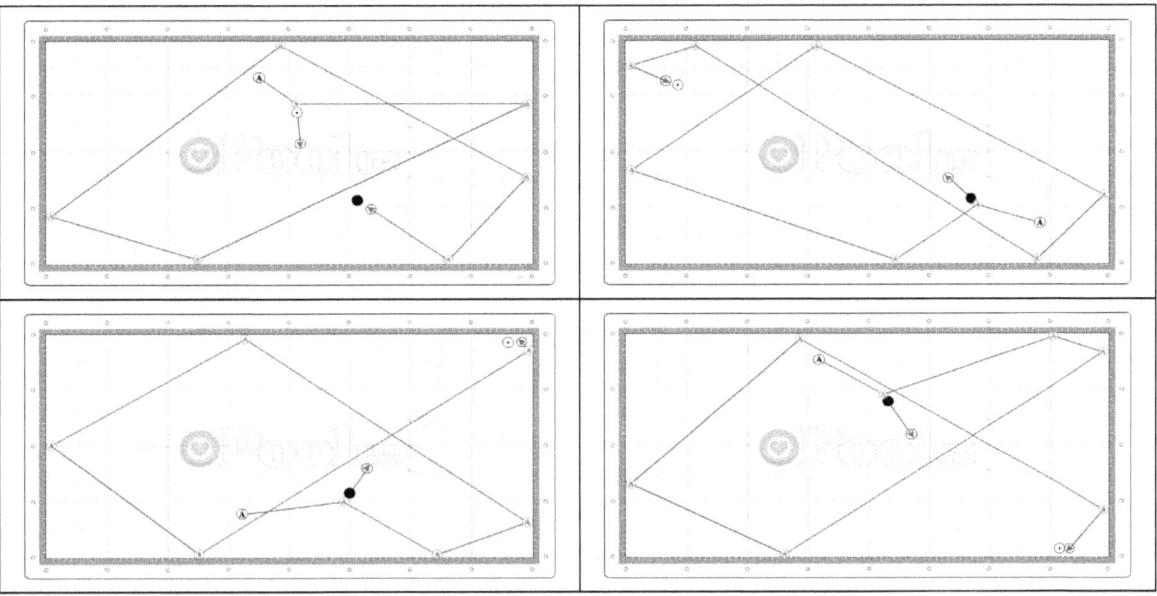

Analise:

G:3a. _____

G:3b. _____

G:3c. _____

G:3d. _____

G:3a – Opstelling

NOTAS VIR JOU IDEES:

Tabelpatroon

G:3b – Opstelling

NOTAS VIR JOU IDEES:

Tabelpatroon

G:3c – Opstelling

NOTAS VIR JOU IDEES:

Tabelpatroon

G:3d – Opstelling

NOTAS VIR JOU IDEES:

Tabelpatroon

G: Groep 4

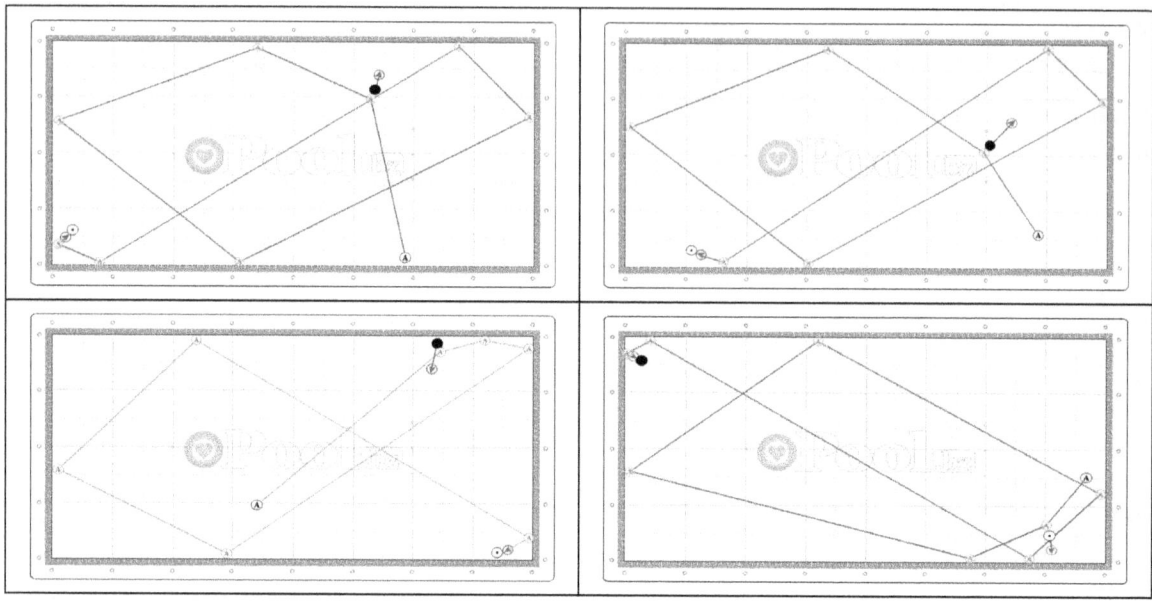

Analise:

G:4a. _____

G:4b. _____

G:4c. _____

G:4d. _____

G:4a – Opstelling

NOTAS VIR JOU IDEES:

Tabelpatroon

G:4b – Opstelling

NOTAS VIR JOU IDEES:

Tabelpatroon

G:4c – Opstelling

NOTAS VIR JOU IDEES:

Tabelpatroon

G:4d – Opstelling

NOTAS VIR JOU IDEES:

Tabelpatroon

H: 6 + biljartbanden (kort banden)

Die (CB) kom van die (OB) en in die kort biljartbanden. Die (CB) gaan voort om die tafel vir ses of meer biljartbanden te reis. Eers dan kontak die (CB) die tweede (OB).

Ⓐ (CB) (jou biljartbal) – ⊙ (OB) (teenstander biljartbal) – ● (OB) (rooi bal)

H: Groep 1

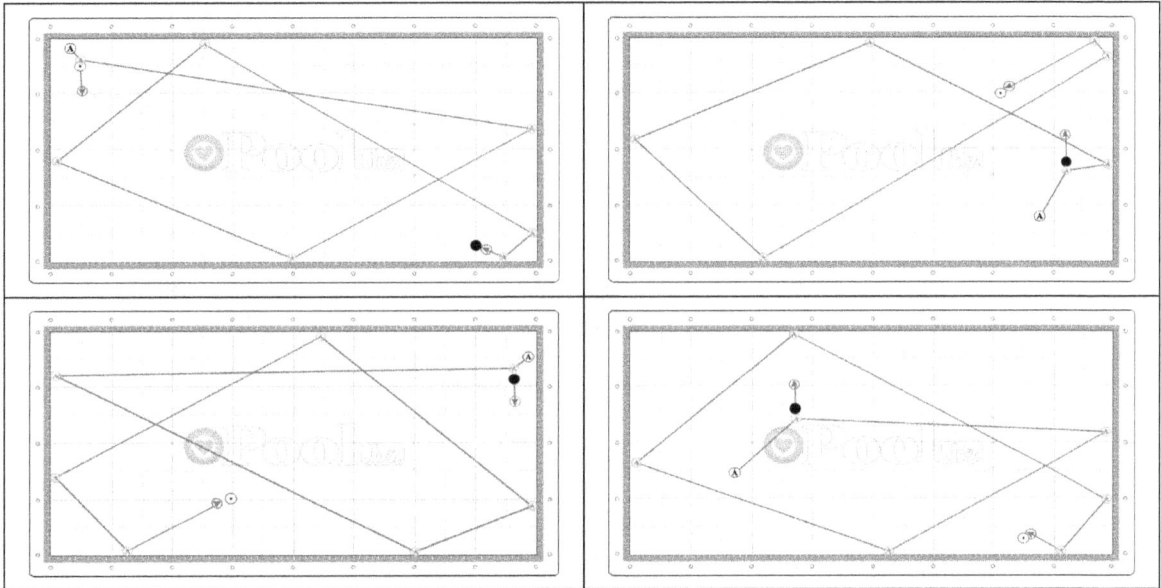

Analise:

H:1a. _____

H:1b. _____

H:1c. _____

H:1d. _____

H:1a – Opstelling

NOTAS VIR JOU IDEES:

Tabelpatroon

H:1b – Opstelling

NOTAS VIR JOU IDEES:

Tabelpatroon

H:1c – Opstelling

NOTAS VIR JOU IDEES:

Tabelpatroon

H:1d – Opstelling

NOTAS VIR JOU IDEES:

Tabelpatroon

H: Groep 2

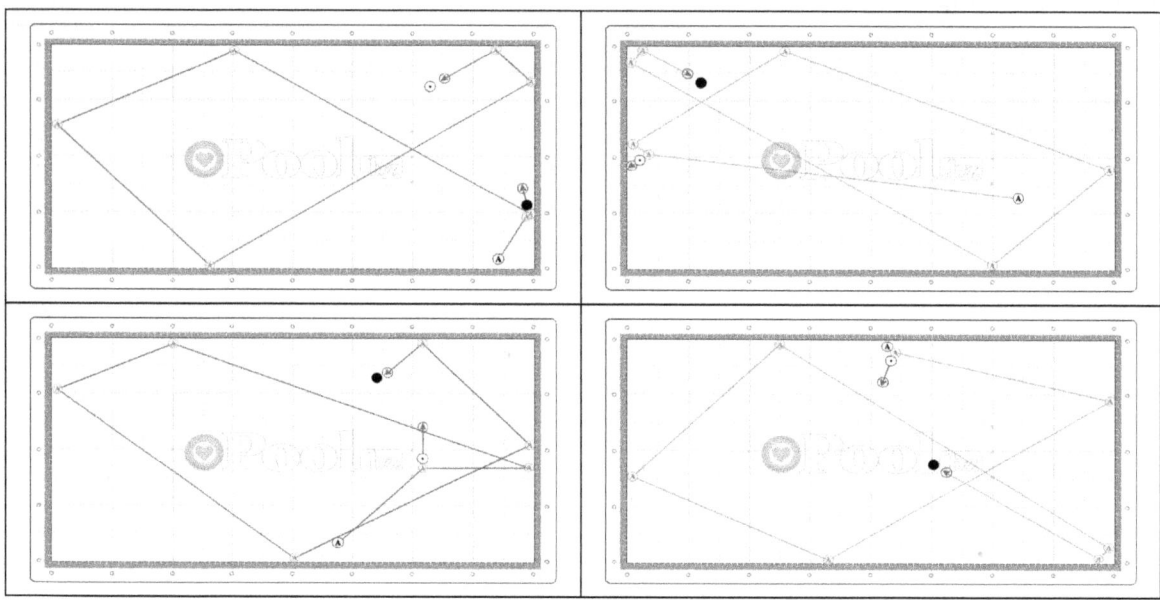

Analise:

H:2a. _____

H:2b. _____

H:2c. _____

H:2d. _____

H:2a – Opstelling

NOTAS VIR JOU IDEES:

Tabelpatroon

H:2b – Opstelling

NOTAS VIR JOU IDEES:

Tabelpatroon

H:2c – Opstelling

NOTAS VIR JOU IDEES:

Tabelpatroon

H:2d – Opstelling

NOTAS VIR JOU IDEES:

Tabelpatroon

www.ingramcontent.com/pod-product-compliance
Lightning Source LLC
Chambersburg PA
CBHW081946170426
43201CB00031B/2222